GRANDEUR ET DÉCADENCE

DES ARISTOCRATIES

PAR

FRANTZ FUNCK-BRENTANO

PARIS

LIBRAIRIE BLOUD & Cie

4, RUE MADAME ET RUE DE RENNES, 59

1903

« Toute classe dirigeante qui cesse, à un moment donné, d'exercer une action prépondérante, immédiate, directe, sur le travail et sur la production, se perd et disparaît. »

Introduction au *Traicté de l'œconomie politique* d'A. de Montchrétien.

GRANDEUR ET DÉCADENCE DES ARISTOCRATIES

PREMIÈRE PARTIE

L'antiquité.

I

L'ARISTOCRATIE PATRONALE

Dès l'Antiquité, Platon enseignait comment du foyer et des groupes de foyers, étaient nées les coutumes qui avaient formé les cités et les villes. Aristote reprit cette opinion et la développa dans sa grande doctrine.

De nos jours un historien éminent, Fustel de Coulanges, dans un livre célèbre, *la Cité Antique*, a démontré, par l'analyse des faits, comment dans l'Hellas aussi bien que dans l'Italie des Romains, l'Etat était né du foyer

domestique. Il en a été ainsi, non seulement en
Grèce et en Italie, mais dans l'histoire de
toutes les nations qui se sont formées : la famille donne aux peuples leurs mœurs, et leur
imprime leurs caractères distinctifs. Qui cher-
chera les origines de notre civilisation, ne les
trouvera, ni dans les débris de l'administration
romaine, ni dans les coutumes des hordes
franques : elles sont' dans l'organisation de la
famille française (1).

Le famille est à l'origine de toute société :
elle en est l'élément primordial qui, en s'éten-
dant, en s'agrandissant, forme l'Etat. De là
découle cette loi générale que rien dans l'histoire n'a jamais infirmée : tant qu'une nation
se gouverne d'après les principes constitutifs
de la famille, elle est florissante ; du jour où
elle s'écarte de ces traditions qui l'ont créée,
la ruine est proche. Ce qui fonde les nations
sert aussi à les maintenir.

C'est la base de notre étude : celle-ci est
établie sur ce que nous savons d'histoire,
comme on essaiera de le montrer, en parlant
successivement de l'Antiquité, du Moyen-Age,
de l'Ancien Régime, enfin de l'époque moderne.

---

(1) Cf. dans la collection *Science et Religion*, la brochure intitulée *la Famille fait l'Etat*.

D'abord, qu'est-ce que l'esprit de famille ?
La réponse est simple, chacun de nous la trouvera en lui : affection, union, concorde, dévouement réciproque, appui mutuel. Secours et protection du père aux enfants, reconnaissance et
vénération de l'enfant au père. « Comme les
astres gravitent dans leurs orbites, dit un philosophe contemporain, parce qu'ils sont force
et pesanteur, ainsi l'homme vit en société parce
qu'il est intelligence et amour. »

Voyons les effets de ces sentiments dans la
vie publique de l'Antiquité. Nous allons les
prendre à leur point d'origine, pour en montrer
rapidement les transformations, jusqu'au moment où ces sentiments se furent éteints. Il
importe de noter les différentes phases de
l'évolution sociale que nous allons décrire :
quoique ces faits soient loin de nous, ils en
sont rapprochés. Car l'histoire se recommence.
Qui étudie le développement des grands
peuples, voit les mêmes phénomènes se repro-
duire, chacun à son moment, marqués des
mêmes caractères, avec une régularité quelquefois effrayante. Nul ne se soustrait aux communes lois, lois si fixes et si absolues, que les
révolutions peuvent être marquées d'avance.

Le seul tableau que nous possédions de

l'état social en Grèce, à l'origine de la civilisation hellénique, est dans l'*Odyssée* d'Homère.
Nous y voyons un régime patriarcal. Les rois
n'y sont guère que des bergers. La civilisation
se développant, les villes se fondant, le cadre
des mœurs patriarcales s'élargit, l'esprit en
resta le même. La *phratrie* des Grecs, la
gens des Romains, n'étaient, comme l'a si
bien montré Fustel de Coulanges, qu'une famille plus étendue, réunie sous un même chef,
qui, à Rome, portait le nom de *père*, à Athènes
le nom d'*eupatride*. Ce chef présidait à l'accomplissement des rites propres à la communauté, comme dans la famille le père présidait
à l'accomplissement des rites propres au foyer.
A certaines fêtes, un repas commun réunissait
tous les membres de ces associations en un
grand dîner de famille. L'association continua
de grandir d'après le même mode. Plusieurs
phratries se groupèrent, et formèrent une
tribu ; plusieurs tribus formèrent la cité. Les
chefs de ces phratries, de ces tribus, constituaient l'aristocratie.

Les mœurs antiques s'étaient conservées. Les
eupatrides avaient gardé avec soin les an-
ciennes formes du régime patriarcal : ils con-
tinuaient à demeurer dans les différents can-
tons de l'Attique, chacun sur son domaine,

entouré de ses serviteurs. Il en était de même dans la cité romaine : les familles patriciennes vivaient sur leurs terres, entourées de leurs clients. Cicéron dit que Romulus donna aux sénateurs le nom de « pères », pour marquer l'affection paternelle qu'ils avaient pour le peuple : ce mot marquait aussi les sentiments de respect et de dévouement que le peuple avait pour eux. La misère était inconnue : l'homme, en cas de nécessité, était nourri par son chef ; celui à qui il donnait son dévouement lui devait, en retour, de subvenir à tous ses besoins.

C'est à l'époque où cette constitution patronale de l'État fut arrivée à son plus complet développement, que la Grèce et Rome nous apparaissent dans tout leur éclat. C'est à ce moment que les peuples sont prospères et que les aristocraties brillent dans leur force et leur splendeur.

L'histoire d'Athènes nous offre un bel exemple de la puissance des sentiments d'union et de concorde, de dévouement et d'affection réciproques. On connaît cet épisode immortel. Les Perses, multitudes innombrables, avaient envahi l'Attique ; les Athéniens, une poignée d'hommes, avaient fui sur leurs vaisseaux. Les champs avaient été dévastés, Athènes mise au pillage, les maisons incendiées. « Il nous est impossible d'expliquer, dit l'historien Niebuhr, comment les Athéniens, après que leur pays eût été ravagé et leur cité incendiée, ont pu, non seulement réparer les désastres et reconstruire leur ville, mais accomplir des œuvres aussi gigantesques que les longs murs. Imaginons-nous un pauvre peuple, ayant à peine pu sauver quelques objets faciles à transporter, qui revient dans une contrée formée, pour la plus grande partie, de collines arides et rocheuses, et qui nous apparaît aussitôt plus puissant que jamais ! Il nous manque, évidemment, la connaissance des circonstances qui rendent ce fait intelligible. » Le grand historien allemand ne vit pas que les causes de cette réorganisation, si surprenante, de la cité, furent les mêmes qui firent que, abandonnés de tous les Grecs, les Athéniens résistèrent seuls aux armées du grand roi, remportèrent des victoires immortelles et ne relevèrent leurs murs incendiés que pour inaugurer le siècle de Périclès. Un besoin d'union, qui alla jusqu'à l'ostracisme d'un Aristide pour mettre fin à la division des partis ; une conscience de la solidarité, qui confondait toutes les volontés en une seule, celle de Thémistocle ; une discipline sociale qui mettait tous les citoyens à leur place naturelle, sans

rivalités jalouses, sans ambitions malsaines :
tels les Athéniens combattirent à Marathon, à
Salamine, à Platée, tels ils vinrent reconstruire
leur ville. Elle s'était conservée toute organisée
dans leur entente commune, dans leur connaissance intime les uns des autres, leur dévouement réciproque, leur respect et leur considé-
ration mutuels ; chaque citoyen n'eut qu'à
retrouver son champ, et à remettre sa maison
en état de l'abriter, pour que la république fût
aussi puissante et aussi bien ordonnée qu'au-
paravant.

Telle a été la grande époque, non seulement
des peuples, mais des aristocraties ; car celles-
ci ne sont puissantes, qu'en proportion de la
prospérité et du dévouement de ceux qu'elles
dirigent. Cette prospérité et ce dévouement
forment le piédestal sur lequel elles sont dres-
sées : que celui-ci s'écroule, leur autorité se
brise, et elles ne conservent plus que le souvenir d'une grandeur passée.

II

L'ARISTOCRATIE FINANCIÈRE

Ce mouvement de recul des classes inférieures
devant l'aristocratie s'est produit dans l'anti-

quité, comme il s'est produit dans les temps modernes. Les eupatrides en vinrent à oublier les devoirs qui leur incombaient vis-à-vis de leurs clients, devoirs d'assistance et de protection ; dans l'âme des inférieurs, les antiques croyances, qui faisaient l'autorité de leurs patrons, s'éteignirent lentement ; alors il ne resta, comme source d'influence, que la propriété foncière. La noblesse perdit l'empire, sur l'esprit public, qui était indispensable à son pouvoir. L'eupatride ne fut plus rien, à moins qu'il ne possédât des domaines, sur lesquels vivaient des tenanciers. Athènes eut le singulier bonheur de voir cette transformation s'opérer d'une manière pacifique. Ce fut l'œuvre de la législation de Solon, — archonte en 594, — dans laquelle les droits, les honneurs, les fonctions et les obligations des citoyens furent mesurés d'après l'importance de leurs propriétés foncières. Des eupatrides pauvres devinrent non éligibles, tandis que des hommes riches, non eupatrides, furent admis aux plus hautes fonctions de l'Etat. Désormais l'eupatride valut par ses propriétés, non par sa naissance. « Après Théognis, écrit Fustel de Coulanges, la noblesse ne fut qu'un souvenir. Les grandes familles continuèrent à garder pieusement le culte domestique et la mémoire des ancêtres ; mais ce fut tout. Il y eut encore des hommes qui s'amusaient à compter leurs aïeux ; mais on riait de ces hommes. On garda l'usage d'inscrire, sur quelques tombes, que le mort était de noble race ; mais nulle tentative ne fut faite pour relever un régime à jamais tombé. Isocrate dit avec vérité que, de son temps, les grandes familles d'Athènes n'existaient plus que dans leurs tombeaux. »

A l'aristocratie de race, que nous appellerons aristocratie patronale, succéda de la sorte une aristocratie foncière. Celle-ci fit elle-même place à une aristocratie purement financière.

Au temps de Solon, le commerce athénien venait de prendre son essor : bientôt il s'étendit au loin, d'un vol hardi. Le domaine de l'Attique perdit peu à peu de son importance, devant le merveilleux développement de son commerce et de son industrie ; et le propriétaire de quelques arpents de sol vit sa situation s'amoindrir devant celui dont les navires rapides, enflant leurs voiles blanches sous le ciel de la Méditerranée, apportaient les richesses des contrées lointaines. Les croyances traditionnelles, qui avaient soutenu la noblesse d'autrefois, n'existaient plus pour soutenir la noblesse nouvelle, aussi la transformation se fit-elle brusquement.

Désormais le poète put dire : « Dans la pauvreté, l'homme noble n'est plus rien » ; et le peuple applaudit au théâtre cette boutade du comique : « De quelle naissance est cet homme ? Riche, ce sont aujourd'hui les nobles. » « La richesse seule, dit un historien grec, établissait des classes dans la cité. »

A Rome, les transformations furent les mêmes : la classe des « Chevaliers », hommes d'affaires, hommes d'argent, remplaça l'ancienne aristocratie qui diparut. Nabis, tyran de Sparte, disait à Flamininus : « Dans votre pays, la richesse gouverne et tout le reste lui est soumis. »

Ainsi, nous avons vu l'antique noblesse patronale disparaître devant une aristocratie foncière, et celle-ci succomber à son tour pour faire place à une aristocratie d'argent. La cause de leur grandeur avait été la même : l'appui qu'elles avaient trouvé dans les classes dirigées ; la cause de leur décadence avait été la même aussi : l'abandon des classes dirigées.

Cette aristocratie financière, que nous voyons alors au pouvoir, se maintiendra-t-elle plus longtemps que ses aînées ? Oui, semblerait-il. Il nous est arrivé d'entendre dire que l'argent était ce qu'il y avait de plus puissant dans le monde. Cependant l'histoire enseigne le contraire. L'autorité des eupatrides, qui reposait sur des croyances profondément enracinées dans l'âme des hommes, se maintint de longs siècles. L'homme s'incline sans répugnance devant ce qu'il croit être le droit, ou ce que ses opinions lui montrent comme fort au-dessus de lui. Moins longtemps dura la noblesse foncière, bien que son autorité fût établie sur une base en apparence inébranlable. Ces grandes propriétés étaient, de mémoire d'homme, dans la possession des familles, en constituaient le patrimoine, en portaient le nom, semblaient inhérentes aux familles elles-mêmes. De père en fils, les travailleurs avaient vu, transmis de père en fils, le domaine sur lequel ils vivaient. Mais l'instabilité des fortunes acquises par les commerçants, les industriels et les spéculateurs, leur poussée rapide, leur rapide déclin, la source impure où quelques-unes d'entre elles étaient puisées, les inégalités de conditions qu'elles créaient dans la même classe, la facilité enfin de gagner par un heureux coup de hasard, cette fortune enviée, ne tardèrent pas à déchaîner les convoitises et les appétits.

Ajoutez qu'il s'était formé toute une classe de pauvres. Naguères, dans les liens de la

clientèle ou sur le domaine du seigneur territo-
rial, il n'existait pas de pauvres gens ; leur en-
tretien incombait au chef patronal. Ils étaient
ses vassaux, membres de la grande famille à
laquelle il présidait. Le nouvel état social fit
que, dans la misère, l'infortuné restait isolé. La
démocratie avait, il est vrai, amené l'égalité
des droits politiques ; mais, à la lumière de ce
progrès, l'inégalité des conditions matérielles
éclata davantage. Nulle croyance, nul précepte
traditionnel qui pût encore refréner les passions. Au temps jadis, la noblesse passait pour
un don des dieux ; la propriété du sol était établie par des cérémonies sacrées ; maintenant la
fortune ne semblait plus, aux misérables, qu'un
don du hasard ou de la malhonnêteté.

III

LA LUTTE DES RICHES ET DES PAUVRES

Alors le pauvre commença par vouloir vivre
de son droit de suffrage ; il exigea une rémuné-
ration pour venir siéger dans l'assemblée. Il
se fit payer comme citoyen, il se fit payer
comme juge. Les ressources de la cité ne pu-
rent longtemps suffire à de pareilles dépenses
et le pauvre recourut à d'autres expédients :

il vendit son vote. Les occasions favorables
à ce commerce se présentant assez souvent,
il en tirait de quoi vivre au jour le jour. Sur
le forum romain ce trafic se faisait ouverte-
ment ; les Athéniens sauvaient les apparences.
A Rome, où le pauvre ne siégeait pas dans les
tribunaux, il se vendait comme témoin ; à
Athènes comme juge. Tout cela ne tirait pas
le pauvre de la misère et le jetait dans la dégradation.

Ces expédients ne suffisant pas, le pauvre
usa de moyens plus énergiques. Il organisa
une guerre régulière contre la richesse, en
s'abritant sous les formes légales. Les riches se
virent contraints à prendre sur eux toutes les
dépenses publiques, ils furent accablés d'impôts,
forcés à construire des trirèmes pour l'Etat, à
donner des fêtes au peuple. Les magistratures
qu'ils briguaient, ou qu'on les obligeait d'accepter, devinrent de plus en plus coûteuses. Les
tribunaux, entre les mains du peuple, se trans-
formèrent en une arme redoutable : amendes
énormes, confiscation des biens furent pronon-
cées pour les fautes les plus légères. Peut-on
dire combien d'hommes furent condamnés à
l'exil, par la seule raison qu'ils étaient riches ?
La fortune de l'exilé allait au trésor public,
d'où elle s'écoulait ensuite, sous forme de trio-

bole, partagée entre les pauvres au théâtre et dans les assemblées. Mais tout cela ne suffisait pas encore, et le nombre des pauvres montait toujours.

L'extrême développement et, par suite, les grandes difficultés du commerce et de l'industrie, avaient fait qu'il était déjà nécessaire d'être riche pour s'enrichir. Les riches seuls pouvaient acquérir la fortune. Les fortunes considérables absorbaient, peu à peu, celles de moindre importance. A Sparte, du moment que les donations et les achats furent autorisés, il ne fallut que sept générations pour que le nombre des propriétaires tombât de neuf mille à cent. Les pauvres, de plus en plus nombreux, en vinrent à user de leur droit de suffrage pour décréter, soit une abolition des dettes, soit des confiscations générales.

Plutarque raconte qu'à Mégare, après une insurrection, on décréta que les dettes seraient abolies, et que les créanciers, outre la perte du capital, seraient tenus de rembourser les intérêts déjà payés. « A Mégare, comme dans d'autres villes, dit Aristote, le parti populaire, s'étant emparé du pouvoir, commença par prononcer la confiscation des biens contre quelques familles riches, mais, une fois dans cette voie, il ne fut pas possible de s'arrêter. Il fallut

faire chaque jour quelques nouvelles victimes,
et, à la fin, le nombre des riches qu'on exila et
qu'on dépouilla fut si grand, qu'ils formèrent
une armée. »

En 412, le peuple de Samos massacra deux
cents de ses adversaires, en exila quatre cents
autres, et se partagea leurs terres et leurs maisons. La haine, qui divisait les partis, était si
forte, que le peuple lui-même porta une loi pour
interdire les mariages entre riches et plébéiens.

La lutte entre les deux factions, à Corcyre,
se termina par l'extermination des riches, dont
le parti fut massacré presque entièrement. Le
peuple ne respecta même pas ceux qui avaient
trouvé asile dans les temples, où il les em-
mura et les laissa périr de faim. « On y commit, dit Thucydide, toutes les violences sug-
gérées par le désir d'échapper brusquement à
une longue misère en s'emparant du bien d'au-
trui, toutes les cruautés, toutes les barbaries
naturelles à des gens qui n'ont pas l'ambition
pour mobile, mais qui, poussés par un sentiment aveugle d'égalité, s'acharnent impitoya-
blement sur des rivaux. »

A Syracuse, le peuple fut à peine délivré de
Denys, que, réuni en assemblée, il décréta le
partage des terres. Dans cette période de l'his-

toire grecque, toutes les fois que nous voyons
une guerre civile, les riches sont dans un parti
et les pauvres dans l'autre. Les pauvres veulent
s'emparer de la richesse, et les riches veulent
la conserver ou la reprendre. Dans toute
guerre civile, dit Polybe, il s'agit de dé-
placer les fortunes. Tout démagogue faisait
comme ce Molpagoras de Cios, qui livrait à la
multitude ceux qui jouissaient du bien-être,
égorgeait les uns, chassait les autres, et partageait leurs fortunes entre ceux qui n'avaient rien.
A Messène, dès que le parti populaire revint
au pouvoir, il expulsa les riches et partagea
leurs terres. « Dans chaque cité le riche
et le pauvre étaient deux ennemis. Entre
eux, écrit Fustel de Coulanges, nulle relation,
nul service, nul travail qui les unît. Le pauvre
ne pouvait acquérir la richesse qu'en dépouil-
lant le riche ; le riche ne pouvait défendre son
bien que par une extrême habileté, ou par la
force. Ils se regardaient d'un œil haineux ;
c'était dans chaque ville une double conspira-
tion, les pauvres conspiraient par cupidité, les
riches par peur. Aristote dit que les riches pro-
nonçaient entre eux ce serment : « Je jure d'être
« toujours l'ennemi du peuple et de lui faire tout
« le mal que je pourrai. » Il n'est pas possible
de dire lequel des deux partis commit le plus de

cruautés et de crimes. Les haines effaçaient
dans les cœurs tout sentiment d'humanité. Il y
eut à Milet une guerre entre les riches et les
pauvres ; ceux-ci eurent d'abord le dessus et
forcèrent les riches à s'enfuir de la ville ; mais
ensuite, regrettant de n'avoir pu les égorger,
ils prirent leurs enfants, les rassemblèrent dans
des granges, et les firent broyer sous les pieds
des bœufs. Les riches rentrèrent ensuite dans
la ville, et redevinrent les maîtres. Ils prirent
les enfants des pauvres, les enduisirent de poix
et les brûlèrent tout vifs. »

Le parti qui triomphe ne manque jamais,
après la victoire, de massacrer une partie de
ses adversaires, d'exiler les autres et de vendre
leurs femmes comme esclaves.

Tite-Live a déjà fait remarquer que, dans la
haine des partis, l'étranger, l'ennemi en armes
contre la cité, était plus près du cœur que le
concitoyen de la faction adverse. Mytilène était
assiégée par les Athéniens. Saléthos, qui com-
mandait dans la ville, voulant faire une sortie
contre les assiégeants, donna des armes aux
hommes du peuple, qui en avaient été dépour-
vus jusque-là. Mais, une fois armés, ceux-ci
n'obéirent plus à leurs chefs et s'assemblèrent
tumultueusement ; et Saléthos se hâta d'ouvrir
les portes aux Athéniens, dans la crainte que le

peuple, en livrant la ville, ne fît exclure les
riches de la capitulation. Nous retrouvons le
même spectacle à Mégare. Les chefs de la cité
entrèrent en pourparler avec les généraux athéniens : « Ils offraient, dit Thucydide, de leur li-
vrer la ville ; ce parti leur semblait moins dan-
gereux, que le retour des citoyens qu'ils avaient
fait exiler. » Un Grec n'aimait plus sa patrie
que dans la mesure où sa faction y dominait,
ou plutôt, la patrie fut oubliée, toutes les pensées, tous les vœux, toutes les forces étaient
pour la faction. On ne rougissait pas d'accepter
des subsides de l'étranger. Ce n'était plus une
honte de vendre son pays à l'ennemi. Il n'est
pas difficile de concevoir quel vide la perte du
patriotisme dut laisser dans les âmes. Le respect du foyer domestique, l'amour de la famille périt avec lui.

L'historien Polybe nous a conservé le triste
tableau de l'état où la lutte des partis avait ré-
duit la Grèce, si grande autrefois. Dans les
champs, la culture des terres, dans les villes,
les tribunaux, les sacrifices, les cérémonies re-
ligieuses étaient abandonnés. Les Grecs vivent
dans la guerre civile depuis dix générations.
Celle-ci est devenue l'état habituel, régulier,
normal de la race, on y est né, on y vit, on y
mourra. Dans la vie des individus et des villes,

toutes les préoccupations sont pour la lutte des partis.

La Grèce, nous dit Polybe, est en délire. Ceux-ci s'éloignent des villes, courant çà et là, sans but, chassés par l'horreur des excès commis dans leurs murailles ; ceux-là se donnent la mort pour se soustraire au spectacle de tant de maux ; les uns dénoncent aux Romains leurs amis, leurs parents, les autres se livrent eux-mêmes ; des hommes saisis de démence se précipitent dans les puits, ou du haut de leurs maisons ; on voit des cités demeurer désertes, et, pour comble de douleur, les Grecs ne peuvent attribuer qu'à leur propre folie les calamités dont ils sont frappés !

*
* *

La vraie démocratie n'existait plus.

Du jour où toutes les traditions, qui avaient formé la cité, se furent retirées du milieu de la classe la plus nombreuse, chassées par l'unique recherche des moyens de satisfaire les besoins et les intérêts matériels, où tous les liens, qui avaient uni la classe inférieure à la classe élevée, furent rompus, où la seule possession de la fortune coupa en deux factions hostiles l'Etat tout entier, les antiques formes républicaines s'étaient altérées et corrompues. Parmi toutes les sociétés du monde, celles qui auront toujours le plus de peine à échapper pendant long-temps au gouvernement absolu, sont précisément ces sociétés où l'aristocratie tradi-tionnelle n'est plus et ne peut plus être. Ainsi la démocratie, les riches au pouvoir, était devenue une oligarchie violente ; la démocratie des pauvres était devenue la tyrannie. « Du ve au IIe siècle avant notre ère, dit Fustel de Coulanges, nous voyons, dans toutes les cités de la Grèce et de l'Italie, Rome encore excep-tée, que les formes républicaines sont mises en péril, et qu'elles sont devenues odieuses à un parti. Or, on peut distinguer clairement qui sont ceux qui veulent les détruire, et qui sont ceux qui voudraient les conserver. Les riches, plus éclairés et plus fiers, restent fidèles au régime républicain, pendant que les pauvres, pour qui les droits politiques ont moins de prix, se don-nent volontiers pour chef un tyran. Quand cette classe pauvre, après plusieurs guerres civiles, reconnut que ses victoires ne servaient de rien, que le parti contraire revenait toujours au pou-voir, et qu'après de longues alternatives de confiscation et de restitution la lutte était tou-jours à recommencer, elle imagina d'établir un régime qui, en comprimant à jamais le parti contraire, lui assurât pour l'avenir les bénéfices de sa victoire. Elle créa ainsi les tyrans. » Il faut bien se garder de confondre, dans l'antiquité, la tyrannie avec la royauté : elles sont exactement le contraire l'une de l'autre.

L'avènement de cette forme politique nouvelle modifia en apparence la position des partis. On ne fut plus aristocrate : l'on combattit pour la liberté, ou l'on combattit pour la tyrannie. Mais en réalité les noms seuls avaient changé. Sous les étiquettes « liberté » et « tyrannie », c'étaient toujours la richesse et la pauvreté qui poursuivaient une lutte de plus en plus acharnée. *Liberté* signifiait le gouvernement où l'aristocratie financière avait le dessus et défendait ses privilèges ; *tyrannie* indiquait que le gouvernement était entre les mains du peuple, s'efforçant de dépouiller ceux qui possédaient la fortune.

Les tyrans sortent du parti populaire, et ont pour ennemis le parti aristocratique. Cette règle est presque sans exception dans l'histoire du monde grec et latin. Parfois le tyran est homme de haute noblesse ; en ce cas, c'est un ambitieux qui a quitté son parti afin de parvenir à gouverner l'Etat, en se mettant à la tête de la faction contraire. « Le tyran, dit Aristote, n'a pour mission que de protéger le peuple contre les riches, il a toujours commencé par être un démagogue, et il est de l'essence de la tyrannie de combattre l'aristocratie. — Le moyen d'arriver à la tyrannie, dit-il encore, c'est de gagner la confiance de la foule. Or, on gagne sa confiance en se déclarant l'ennemi des riches. »

La principale fonction du tyran est de travailler à la ruine des riches. Les moyens les plus violents sont les meilleurs. C'est une guerre sans merci. A Mégare, Théagène surprend dans la campagne les troupeaux des riches et les égorge ; à Cumes, Aristodème abolit les dettes et enlève les terres aux riches pour les donner aux pauvres. Ainsi font Nicoclès à Sycione, Aristomaque à Argos. Nabis jeta le fondement de sa tyrannie en exilant ceux que la richesse mettait au premier rang. Maître d'Argos, son premier soin fut de confisquer les biens de l'aristocratie, d'abolir les dettes et de partager les terres. Même politique à Sparte : il donne des champs aux pauvres, aux esclaves la liberté. Il fait égorger quatre-vingts des plus riches citoyens. Vers la fin du IIIe siècle, presque toutes les villes du Péloponèse se trouvèrent sous la dépendance de tyrans démocrates.

Ceux que les ressources de leur génie au-

raient dû placer au-dessus de ces brigandages,
recourent aux moyens violents, comme les autres. Denys, tyran de Syracuse, qui fut de son
temps une des grandes figures du monde grec,
ne parvint au pouvoir qu'en flattant les plus
basses passions de la populace. Ses excitations
incendiaires dépassaient tout ce que l'on avait
entendu de démagogues réels. Son entrée au
pouvoir fut accompagnée de l'exécution des
plus riches citoyens. Dans toutes les villes si-
ciliennes, il met son autorité au service des
passions populaires. A Géla, paraissant dans
l'assemblée, il accuse les riches de trahison et
entraîne un vote par lequel ils sont condamnés
à mort et leurs biens confisqués. Installé au
pouvoir, il imagine un système d'impôt par
lequel toutes les propriétés étaient absorbées en
l'espace de cinq ans.

Le triomphe de l'illustre Agathocle fut mar-
qué par un massacre général du sénat syra-
cusain et de ses principaux partisans : les maisons des riches furent livrées au pillage, les
propriétaires égorgés, les femmes violées.
L'asile, que plusieurs trouvèrent dans les temples, ne fut pas respecté. Plus de 4.000 Syra-
cusains périrent dans le carnage, 10.000 furent envoyés en exil, tout cela au milieu d'une
paix profonde. Sur ce, Agathocle fut proclamé

tyran par le peuple assemblé. Ces brigandages s'étendirent aux autres villes de la Si-
cile, à Messine, à Tauromenium ; le nombre des
victimes à Agrigente dépassa 600. Agathocle
abolit les dettes et partagea les terres. Plus
tard les massacres recommencèrent.

Tous ces tyrans nous sont représentés, par
les écrivains, comme très cruels. Hiéron, à Syracuse, ayant acquis le pouvoir, sans tuer ni
exiler personne, « de tout ce qu'on peut voir,
dit Polybe, c'est la chose la plus étonnante ».
Il n'est pas probable que tous ces hommes aient
été cruels par nature, mais ils l'étaient par la
nécessité pressante, où ils se trouvaient, de
donner de l'argent ou des terres aux pauvres.
Ils ne pouvaient se maintenir au pouvoir
qu'autant qu'ils satisfaisaient les convoitises de
la foule et qu'ils entretenaient ses passions.

L'histoire de la démocratie romaine a été la
même que l'histoire de la démocratie grecque.

Lorsque Polybe fut amené à Rome, il trouva
la capitale du monde dans la maturité sereine
de ses institutions. Il fut d'abord ébloui de
tant de grandeur et de prospérité. Mais, l'historien s'éveillant en lui, il ne tarda pas à pré-

venir la cité reine des changements qui l'attendaient. Le développement de sa constitution suivra l'ordre naturel, ses révolutions à venir suivront le cours régulier. Les riches, voulant que leurs richesses leur donnent le pouvoir, « consumeront leur fortune en distributions et en corruptions qui enseigneront au peuple à se montrer avide » ; le peuple, alors, « habitué à attendre sa subsistance d'une main étrangère », convoitera cette richesse qu'on lui mettra toujours sous les yeux. Il finira bientôt par se soulever et, dans sa fureur, il refusera d'obéir. « Le joug brisé, ce ne seront plus que confiscations et partages de terres, jusqu'à ce qu'au milieu de ses fureurs, la multitude trouve à son tour un maître, qui établira la tyrannie. » Les prédictions de l'écrivain grec se réalisèrent de point en point.

Le peuple se précipita dans la servitude selon le mot célèbre de Tacite, *ruit in servitium*. Et si la lutte ne fut pas accompagnée de crises aussi sanglantes que dans la Grèce, il faut l'attribuer à une double cause. En premier lieu aux conquêtes, faites par les Romains, de territoires immenses, où ils pouvaient déverser le trop-plein de la population misérable. Donner des terres à la plèbe romaine, dans les colonies nouvelles, fut la politique enseignée par les Gracques, mise en pratique par César, Trajan, Constantin, tous les empereurs. Suétone dit que, durant les quatre années de la dictature de J. César, 80.000 citoyens furent établis dans les colonies au delà des mers, en Grèce, en Asie et en Afrique. Les Gaules, l'Espagne, toute la Roumanie actuelle furent colonisées par les Romains. Ajoutez que les armées échelonnées sur les frontières, en lutte continuelle contre les barbares, dévoraient beaucoup de plébéiens.

DEUXIÈME PARTIE

Les temps modernes.

I

I. L'AVÈNEMENT DU CHRISTIANISME

Enfin, vint le christianisme, qui prêcha d'une voix sublime la concorde et l'apaisement. Le christianisme ne fut tout d'abord que la religion des pauvres, des pauvres dans les villes, des plébéiens. Ce fait est remarquable. Le mot païen signifie paysan. Aimez-vous les uns les autres, enseignait le Christ. Donnez vos biens aux misérables. Heureux les petits de la terre, car le royaume des cieux leur appartient ! La parole divine, portée par des hommes qui marchaient pieds nus, se propagea avec une rapidité puissante. Que d'apaisement elle amenait autour d'elle ! Combien se dépouillaient pour donner à ceux qui criaient la misère. Et encore, dans l'âpreté sauvage avec laquelle s'éleva la persécution, au milieu de cette société de sceptiques, ne doit-on pas retrouver les passions de ceux qui, possédant, essayaient de défendre, par les moyens extrêmes, leur situation et leurs biens, contre ceux qui enseignaient qu'il fallait abolir l'esclavage, — la source de la richesse des grands, — partager les patrimoines comme saint Martin partageait son manteau, assurer leur pain aux pauvres et aux nécessiteux !

Nous voici donc au temps où d'un siècle barbare
Sortit d'un siècle d'or plus fertile et plus beau,
Où le vieil univers fendit avec Lazare
De son front rajeuni la pierre du tombeau.
Ce sont les temps en fleurs où nos vieilles romances
Ouvrent leurs ailes d'or vers leur monde enchanté,
Où tous nos monuments et toutes nos croyances
Portent le manteau blanc de leur virginité,
Où, sous la main du Christ, nous voyons tout renaître,
Où le palais du prince et la maison du prêtre,
Portant la même croix sur leur front radieux.
Sortent de la montagne en regardant les cieux.

Une civilisation nouvelle se lève dans le monde, par la puissance de la parole du

Christ, sous la poussée de peuples nouveaux. Aurons-nous un nouveau spectacle devant les yeux, ou bien sera-t-il le même que celui que nous venons de quitter?

Le christianisme fut ainsi une réaction contre les abus et contre la corruption produits par la richesse, aussi bien en Judée que dans l'empire romain. En prenant les doctrines des Pères de l'Eglise, on ne les trouve pas différentes de celles que professent, de nos jours, les socialistes les plus avancés. « *Qui non laborat, nec menducet* », dit saint Paul : « que celui qui ne travaille pas n'ait rien à manger ». Saint Jérôme va plus loin : « Toutes les richesses sont le produit de l'iniquité. Est-il possible de trouver un objet qu'un autre n'aurait pas perdu ? Ainsi se justifie l'adage populaire : le riche est un homme inique, ou l'héritier d'un homme inique » (1). Aussi les élus de Dieu doivent-ils mépriser les biens de la terre : « Ceux qui les reçoivent, doivent se contenter de ce qui est nécessaire à leur vêtement et à leur nourriture. Ils ne doivent rien posséder au delà qui leur soit en propre, mais le partager avec leurs semblables. » Il est hors de doute que les Pères de l'Eglise consi-

_____

(1) Saint Jérôme dans Migne, *Patrologie latine*, XXII, 984.

dérèrent le communisme comme la forme naturelle de la propriété. De même que l'air et la lumière, disent-ils, ne peuvent devenir domaine privé, de même le reste des biens donnés aux hommes doivent leur être en commun. La propriété est à leurs yeux une conséquence du péché originel. A ce titre, saint Ambroise la tolère dans la vie privée, mais dans la mesure seulement des besoins de chacun. « Que nul, dit-il, ne soit assez imprudent pour déclarer sa propriété ce qui est pris aux biens communs au delà de ses besoins (1). » C'est par l'idée de propriété que les dissensions sont venues entre les hommes. « Un homme possède-t-il plus que ses besoins, son devoir, dit saint Augustin, est de distribuer le superflu aux pauvres (2). »

De là, la condamnation du commerce et de la spéculation, qui sont l'origine des grandes fortunes, l'exploitation du travail producteur. « Que nul chrétien, dit saint Jérôme, ne soit marchand, et, s'il veut l'être, qu'il soit jeté hors de l'Eglise. »

Lactance écrit dans ses *Institutions divi-*

---

(1) OEuvres de saint Ambroise, Paris, 1561, p. 92-93.

(2) Saint Augustin, dans Migne, *Patrologie latine.* XXXIII, 808-9.

nes (1) : « Dieu, qui crée les hommes et les
inspire, a voulu qu'ils fussent tous pareils, c'est-
à-dire égaux. Il leur a donné à tous les mêmes
conditions d'existence, il les a tous créés pour
la sagesse, il leur a donné à tous l'immortalité.
Nul n'est privé de ses divins bienfaits. Car, de
même qu'il divise entre tous sa lumière unique,
qu'à tous il donne l'eau des fontaines, le vivre,
le sommeil si doux ; ainsi à tous il donne
l'équité et la vertu. Pour lui, nul n'est serviteur,
nul n'est seigneur. Si donc il est notre père à
tous, nous sommes tous au même titre ses enfants... Du moment que tous les hommes ne
sont plus égaux, il n'y a plus de justice ;
l'inégalité exclut la justice, dont toute la force
tend à faire égaux tous ceux qui sont venus à
la vie dans une condition égale. »

On sait que, dans les temps héroïques du
christianisme, ces principes reçurent une sublime application. Le peuple trouva dans les
évêques, élus par lui, de vigoureux défenseurs.
On se fait une fausse idée des évêques aux
premiers temps de notre histoire. C'étaient
avant tout des chefs et des défenseurs de l'élément populaire. Sans doute, leurs fonctions re-
ligieuses rehaussaient leur autorité, mais elles

---

(1) Migne, *Patrologie latine*, VI, 598.

n'en étaient qu'un élément secondaire ; au point que l'on vit des laïcs sur des sièges épiscopaux et jugés par leurs contemporains comme des évêques excellents (1).

« L'évêque, dit M. Maurice Prou, était le représentant et le mandataire de la cité. » On le voit faire exécuter des travaux publics, édifier et restaurer des édifices, réparer les murailles de la ville, établir des aqueducs, rectifier le cours des rivières et les endiguer ».

Ce fut ainsi que le peuple se débarrassa du joug que faisait peser sur lui une aristocratie corrompue. Conduit par des hommes d'intelligence et de cœur, grâce aux éléments de jeunesse que lui apportaient des populations toutes fraîches dans la civilisation, il redonna à toute la société occidentale une vie nouvelle.

II

L'ARISTOCRATIE PATRONALE

Comme les cités grecques et latines, la France est née de l'organisation de la famille qui, en s'élargissant, a progressivement fait le fief, — par l'intermédiaire des établissements agricoles formés de terres agglomérées autour d'une ré-

---

(2) Maurice Prou, *la Gaule mérovingienne*, p. 110.

sidence et cultivées par une famille-souche ;
— par l'union de plusieurs familles, la commune ; par la fusion de plusieurs fiefs, les domaines des grands feudataires, l'Etat enfin (1).
Il en a été exactement comme dans l'antiquité.
La société n'a pas grandi à la façon d'un cercle,
qui s'élargirait peu à peu, gagnant de proche
en proche. Ce sont au contraire de petits
groupes qui, constitués à l'avance, se sont
agrégés les uns aux autres. Plusieurs familles
ont formé le fief ou la commune, plusieurs fiefs
et communes la province, plusieurs provinces
l'Etat. Familles, communes, fiefs, provinces,
Etat sont d'ailleurs des sociétés exactement
semblables entre elles, et qui sont nées l'une
de l'autre par une série de fédérations.

Ainsi, la première organisation connue fut
l'organisation patronale. Les ressemblances,
qui existent entre les patrons romains et les
suzerains du Moyen Age, entre les clients de
l'antiquité et les vassaux du xii⁰ siècle, sont
frappantes. Les liens, qui unissent le suzerain
à ses vassaux, sont les mêmes que les liens qui
unissaient le patron à ses clients. Au xiii⁰ siècle,
tous les habitants d'un fief, du chaume au châ-

---

(1) Cf., dans la collection *Science et religion*, la
brochure intitulée *La Famille fait l'Etat*.

teau, forment une grande famille, unie par la communauté des traditions et des croyances, par une réciprocité de devoirs et de droits. Le suzerain doit prêter secours et protection à ses vassaux, comme le père à ses enfants, leur assurer la justice, maintenir l'ordre et la sécurité dans le fief ; aux nécessiteux il doit la subsistance. S'il forfait à ses devoirs, il déchoit de ses droits. En retour de la sécurité, que le suzerain assurait par sa sollicitude et la force de son épée, vassaux et tenanciers lui devaient fidélité et assistance. Les quatre cas de l'aide féodale révèlent encore le caractère familial de cette organisation. Le vassal doit aide au suzerain : 1° quand celui-ci marie sa fille ; 2° quand il fait son fils chevalier ; 3° quand il est tombé entre les mains des ennemis, et doit payer sa rançon ; 4° quand il veut racheter une partie du patrimoine tombée en des mains étrangères.

Les vassaux, dont beaucoup ne sont pas nobles, étaient constamment associés à leur suzerain, pour le gouvernement de sa seigneurie ; ils devaient passer un certain temps de l'année à sa cour, l'aider à rendre la justice. On trouve quelquefois quatre-vingts, cent cinquante et jusqu'à deux cents vassaux ainsi réunis dans le château du seigneur. La classe des campagnes se rapprochait des gentils-hommes, et se mêlait chaque jour avec eux dans la conduite des mêmes affaires.

La seigneurie devint une patrie que l'on aimait d'un instinct aveugle, et pour laquelle on se dévouait. Elle se confondait avec le seigneur et sa famille. A ce titre on était fier de lui, on vantait ses grands coups d'épée, on l'acclamait quand sa cavalcade passait, brillante, les gonfanons flottants au vent ; on jouissait par sympathie de sa magnificence. Lorsqu'il était veuf et sans enfants on députait auprès de lui pour qu'il se remariât. Sous la puissance de cette organisation sociale, tout entière d'union dans les affections et les efforts, la France atteignit au XIIIe siècle un degré de prospérité et d'ascendant sur toutes les nations de l'Europe, qu'elle n'a plus jamais retrouvé.

Il est à noter que ce sont les Flamands, qui portèrent le premier coup à cette organisation si forte : coup mortel dont elle ne se releva plus. L'industrie et le commerce avaient pris en Flandre un développement féerique. Damme, près Bruges, qui communiquait alors avec la mer par un canal naturel, était le premier port du monde : de tous les coins de l'Europe, de l'Asie, de l'Afrique, les marchandises y

affluaient, s'entassant sur les quais. C'était le
lieu d'échange entre les marchands du Nord
et ceux du Midi. Les vieux chroniqueurs ont
laissé des descriptions émerveillées des flottes
nombreuses, aux brunes carènes, qui se heur-
taient les unes aux autres, dans le Zwin trop
étroit pour les contenir, y répétant le bruit de
la mer.

Bruges, Gand, Ypres s'étaient étendues
d'une manière surprenante, grâce à un développement industriel incomparable. La richesse,
le nombre des hommes, l'habileté et l'énergie
des artisans en faisaient les premières villes
de l'Europe. Les jours de fêtes, femmes et filles
portaient si belles parures, aux tresses de
leurs cheveux se mêlaient perles si fines, qu'une
reine de France en prenait jalousie. Le système
féodal, tel que nous venons de le décrire,
n'allait plus à la taille de ces grandes cités.
Elles n'avaient plus besoin de seigneurs pour
les défendre, les protéger, ces villes dont chacune était puissante comme un Etat. Les cadres
de la hiérarchie féodale leur étaient devenus
trop étroits. Dès lors, ces redevances que les
châtelains venaient lever jusque dans les villes,
ces droits de péage sur les rivières, aux coins
des chemins, leur semblaient des entraves in-
supportables. Les cités flamandes représen-

taient déjà le monde moderne dans la féodalité du temps.

L'opposition entre les métiers et les seigneurs féodaux fut très vive. La noblesse du pays trouvait un appui, au sein des villes mêmes, dans la classe des riches commerçants. Un fait à noter est que cette admirable organisation des métiers flamands rendait impossible le développement des grands établissements industriels ; d'un autre côté, les corporations de marchands, dont la plus importante était la hanse de Londres, n'admettaient que des gens riches dans leur sein. Il se forma ainsi, peu à peu, entre les murs des villes flamandes, un parti des riches, qui méprisaient fort « ceux qui travaillaient de leurs mains, et avaient les « ongles bleus ». Ces expressions caractéristiques reviennent dans les documents du temps. Par contre, la haine des artisans contre les riches devint intense, et l'histoire garde le souvenir de massacres dignes de l'antiquité.

Quand Philippe-le-Bel, roi de France, vint en Flandre, il se trouva tout naturellement, lui, le roi féodal, chef suzerain, à la tête de la noblesse flamande ; le parti des riches se rangea sous sa bannière ; mais les artisans aux poings robustes, conduits par un homme de génie, culbutèrent le roi, la noblesse et les riches bourgeois à la mémorable bataille de Courtai. Guillaume de Juliers, Pierre de Coninc, Jean Breidel ne furent pas seulement de grands patriotes, ils furent avant tout de grands tribuns.

La lutte, commencée par les métiers, en Flandre, s'étendit par toute la France et dura plus de cent ans. La France en fut ensanglantée. La guerre de Cent Ans nous apparaît comme une guerre civile. Les quatre grandes défaites que les armées françaises subirent en ce siècle, Courtrai, Crécy, Poitiers, Azincourt, doivent être attribuées à une même cause : l'opposition entre les milices des villes et les corps de chevaliers. Finalement l'union se fit dans la haine de l'étranger, les Anglais furent expulsés du territoire, mais la noblesse féodale était vaincue : elle fit place à l'aristocratie foncière.

Comme le règne de l'aristocratie féodale atteignit son apogée au XIIIe siècle, le règne de l'aristocratie foncière atteindra le sien au XVIIe.

Avant d'aller plus loin jetons un coup d'œil en arrière. Combien en avons-nous déjà vu naître, grandir, puis décliner de ces aristocraties ! La cause de leur grandeur a toujours été la même : l'union de leurs efforts à ceux des classes dirigées ; la cause de leur décadence a toujours été la même aussi : la séparation

entre la vie de l'aristocratie et la vie du peuple
qui travaille et produit. « Toute classe dirigeante qui cesse, à un moment donné, d'exercer
une action prépondérante, directe, immédiate,
sur le travail et sur la production se perd et
disparaît. » Cette belle conception d'un économiste moderne avait déjà été affirmée par Tocqueville, qui en avait dit : « C'est l'une des
grandes lois de Dieu pour la conduite des
sociétés. » Tant que les classes privilégiées con-
tinuent à développer les mérites qui leur ont
valu leur autorité et leurs droits, leur existence est non seulement légitime, elle est nécessaire : du moment, au contraire, qu'elles
deviennent incapables de suffire à leur mission,
elles conduisent le peuple, comme par la
main, à la révolte, et périssent dans l'impuis-
sance.

III

L'ARISTOCRATIE FONCIÈRE

Au commencement du xviie siècle, la noblesse, en France, comprenait les devoirs qui
lui incombaient. Le seigneur nous apparaît
encore comme propriétaire résidant et bienfai-

sant, promoteur, au milieu des habitants de son domaine, de toutes les entreprises utiles, tuteur obligé des pauvres, administrateur et juge gratuit du canton, député sans traitement auprès du roi, c'est-à-dire conducteur et promoteur comme autrefois, par un patronage nouveau, accommodé aux circonstances nouvelles. Les petites seigneuries étaient florissantes et nombreuses. Il y avait une vaste pièce où, sous le manteau de la cheminée, dans un nid de cendre, les grandes bûches flambaient en craquant. Là s'accomplissaient les actes journaliers de la vie commune, y compris la prière qui en était la conclusion obligée. Les serviteurs y habitaient avec la famille. Hors les soins nécessaires aux vieillards et aux malades, ils étaient peu employés au service des personnes qui, grâce à leurs habitudes de simplicité, se suffisaient à elles-mêmes. Leur tâche consistait surtout à seconder les maîtres dans l'exploitation du domaine.

Le livre de raison de Pierre-César de Cadenet de Charleval, commencé en 1728, contient les lignes suivantes : « Autrefois on mangeait à la cuisine avec les lampes, on n'avait qu'un feu. La maîtresse de la maison garnissait elle-même la besace de ses valets et faisait partir pour le travail à l'heure qu'il fallait. Si

on voulait agir de même à présent, on se ferait
montrer au doigt. »

Voici en quels termes le marquis de Mirabeau peignait les devoirs du seigneur vis-à-vis
de ses tenanciers : « Songez à bien employer
votre autorité, ayez un état, paroisse par paroisse, de tous vos habitants, de leurs biens et
industrie, de leur famille, etc. Aidez-les selon
leurs besoins d'abord, et aussi pour leur plus
grande commodité ; soutenez, sustentez les misérables, mais surtout empêchez-les de le devenir, aidez-les au contraire à devenir à leur
aise ; excitez l'industrie de toute votre force,
aidez dans leur commerce ceux à qui vous en
verrez le génie avec de la probité. Songez par
tous les moyens à vivifier l'intérieur, obtenir
des foires et des marchés, célébrer des fêtes
et veiller avec attention à protéger le pauvre
peuple, contre toute sorte d'oppression. C'est
pour cela, uniquement, que vous êtes dans le
monde, c'est pour faire du bien de tout votre
pouvoir, et, dans cette observance, vous rencon-
trerez tout bien et tout honneur. » Tel était
encore le propre père du marquis de Mirabeau,
poursuivant à coups de canne, jusque dans le
Rhône, les gens du fisc qui venaient tour-
menter ses paysans ; assurant dans les mauvais
jours de l'année des travaux régulièrement

payés à tous les habitants de son fief. Tel était l'amiral comte du Chaffault, l'un des meilleurs officiers de la marine française. Dès qu'il avait quitté la mer, il venait à la campagne, en Vendée, où il passait les journées au milieu de ses fermiers : il les allait trouver aux champs, ôtait son habit qu'il suspendait à quelque buisson et conduisait lui-même la charrue. Il était tellement vénéré que les paysans ne passaient jamais devant l'uniforme, accroché aux haies du chemin, sans le saluer avec respect. Tel était encore ce gentilhomme campagnard, jugeant les procès de ses sujets à table, et arrêtant les récriminations des plaideurs par ces mots : « Un verre de vin à Monsieur ! » Le duc d'Harcourt était le père de tous les vassaux de ses domaines. Les jours de fêtes, le peuple envahissait le château : « Tu ne saurais penser, écrit le bailli de Mirabeau à son frère, le plaisir que j'ai eu, les jours de fête, de voir ainsi de bons petits paysans et de petites paysannes venir regarder le bon patron sous le nez, et presque lui tirer la montre pour voir les breloques : et tout cela sans familiarité. Le bon duc ne laisse point plaider ses vassaux, il les écoute et les juge en les accommodant avec une patience admirable. » Nous pourrions multiplier les exemples à l'infini.

Malheureusement ces mœurs salutaires, qui maintenaient la prospérité de tous par les liens les plus forts, liens d'affection et d'union qui rattachaient tous les citoyens du haut en bas de l'échelle sociale, se perdirent insensiblement. La noblesse, pour nous servir de l'énergique expression d'un écrivain moderne, vint s'avilir dans l'antichambre des rois. Nous devons constater que ce fut un des buts poursuivis par la politique royale, que de séparer les gentilshommes du peuple, en les attirant à la cour et dans les emplois. Ce fut la préoccupation constante des souverains français du XVIIe siècle, où la noblesse était encore pour la royauté un objet de crainte. Cette désertion des campagnes devint générale ; les ouvrages du temps la signalent, les économistes du XVIIe siècle la déplorent, bientôt les intendants royaux eux-mêmes la regrettent en termes amers dans les mémoires adressés aux secrétaires d'État. La royauté, en croyant s'affermir, détruisait de ses propres mains le fondement où elle était établie.

Parmi les questions adressées au XVIIe siècle, par ordre de la cour, aux intendants, se trouve celle-ci : « Les gentilshommes de votre province aiment-ils à rester chez eux ou à en sortir ? » On a la lettre d'un intendant sur ce sujet. Il se plaint

de ce que les gentilshommes de sa province se
plaisent à rester avec leurs paysans, au lieu de
venir remplir leur devoir auprès du roi. Or,
remarquons ceci, la province dont on parlait
c'était l'Anjou, ce fut depuis la Vendée. Ces
gentilshommes, qui refusaient, dit-on, de rendre
leurs devoirs au roi, sont les seuls qui aient
défendu, les armes à la main, la monarchie en
France, ils ont pu y mourir en combattant
pour elle, et ils n'ont dû cette glorieuse distinc-
tion qu'à ce qu'ils avaient su retenir autour
d'eux ces paysans parmi lesquels on leur repro-
chait d'aimer à vivre.

Quels devinrent en effet, peu à peu, les sentiments des paysans à l'égard de leurs seigneurs,
qui les abandonnaient pour aller dans les villes,
à la cour, dépenser, en plaisirs et en luxe, la
fortune que le travail des cultivateurs leur assurait ? L'absentéisme matériel, dit Tocqueville,
avait peu à peu amené chez les seigneurs un
absentéisme de cœur. Peut-on demeurer attaché
et affectionné à des gens qui ne vous sont rien
par les liens de la nature et que l'on ne voit
plus jamais ?

Que si, par hasard, le gentilhomme venait à
résider sur ses terres, il y montrait les vues et
les sentiments, qu'aurait eus en son absence
son intendant. Comme celui-ci, il en était arrivé

à ne plus voir dans les tenanciers que des débi-
teurs, dont il exigeait à la rigueur tout ce qui
lui revenait encore d'après la loi ou la coutume.
Ainsi, la perception de ce qui restait des
droits féodaux paraissait plus dure qu'aux
temps de la féodalité elle-même.

Des magnifiques domaines appartenant aux
nobles de haut lignage, cet état de choses
s'était étendu aux gentilhommières habitées
par de modestes seigneurs jadis campagnards.
Le petit noble, souvent obéré, toujours beso-
gneux, ne vivait plus que fort chichement dans
son château, sans autre souci que d'y amasser
l'argent nécessaire pour figurer l'hiver à la
ville. Le peuple, qui d'un mot va souvent droit
à l'idée, avait donné à ce petit gentilhomme le
nom du moins gros des oiseaux de proie : il
l'avait nommé le *hobereau*.

Par l'absence des propriétaires, toute direction générale faisant défaut, les terres tom-
baient en un déplorable abandon. Le voyageur
anglais Arthur Young, qui parcourt la France
à la veille de la Révolution, fait à ce sujet des
remarques cruelles : « Les champs offrent des
scènes pitoyables, dit-il, d'une mauvaise administration, et les maisons des tableaux de misère.
Cependant tout ce pays peut bien s'améliorer
s'ils en connaissaient les moyens. Propriétés de

quelques uns de ces êtres brillants qui figu-
raient l'autre jour à la procession de Versailles.
Grand Dieu ! accorde-moi de la patience quand
je vois un pays ainsi négligé ; et pardonne les
jugements que je fais sur l'absence et l'igno-
rance des propriétaires ! » — « C'est surtout
dans les temps de disette, observe Tocqueville,
qu'on s'aperçoit que les liens de patronage et
de dépendance, qui reliaient autrefois le propriétaire rural aux paysans, sont relâchés ou
rompus. Dans ces moments de crise, le gouvernement central s'effraie enfin de son isolement et de sa faiblesse ; il voudrait faire renaître
pour l'occasion les influences individuelles
qu'il a détruites ; il les appelle à son aide : personne ne vient, et il s'étonne d'ordinaire en
trouvant morts les gens auxquels il a lui-même
ôté la vie. » En cette extrémité, il y a des intendants, dans les provinces les plus pauvres, qui,
comme Turgot, prennent illégalement des or-
donnances, pour obliger les propriétaires riches
à nourrir leurs métayers, jusqu'à la récolte
prochaine. J'ai trouvé à la date de 1770 les
lettres de plusieurs curés qui proposent à leur
intendant de taxer les grands propriétaires de
leurs paroisses, tant ecclésiastiques que laïques,
« lesquels y possèdent, disent-ils, de vastes
propriétés qu'ils n'habitent point, et dont ils

touchent de gros revenus qu'ils vont manger ailleurs ». Même en temps ordinaire, les villages sont infestés de mendiants, « car, dit Letronne, les pauvres sont assistés dans les villes, mais à la campagne, pendant l'hiver, la mendicité est de nécessité absolue ».

C'est ainsi que la noblesse, sous l'ancien régime, se sépara de plus en plus, non seulement de la classe des cultivateurs, mais, dans les villes, de la classe des bourgeois. Elle ne forma plus qu'une caste, fière de ses titres, jalouse de ses privilèges, et qui ne justifiait plus ni les uns, ni les autres, par la direction donnée à la vie de la nation. Quelques années avant la Révolution, il arriva que la noblesse eut vaguement l'instinct du vide effrayant qui s'était creusé en dessous d'elle : dans les sphères du gouvernement, les ministres s'en alarmèrent, le roi en fut frappé. Alors le gouvernement essaya de rapprocher les classes éloignées les unes des autres : il était trop tard. Depuis un siècle, chaque classe avait cheminé à part, de son côté, grossissant, d'âge en âge, ses haines et ses préjugés contre la classe rivale qu'elle ne connaissait, qu'elle ne comprenait plus. Ce n'était pas une entreprise humaine de rapprocher des concitoyens qui, depuis plus d'un siècle, de générations en générations, avaient vécu en étrangers ou en ennemis. Les privilégiés ont beau faire les premiers pas : à mesure qu'ils se rapprochent du peuple des campagnes et s'efforcent de se mêler à lui, celui-ci se retire dans l'isolement qu'on lui avait fait et s'y défend. On rencontre des assemblées municipales de paroisses qui se refusent à recevoir dans leur sein le seigneur ; d'autres font toutes sortes de chicanes avant d'admettre les roturiers mêmes, quand ils sont riches. Ce rapprochement se fit après 89, — avec violence, — dans les larmes et le sang.

Ainsi tomba à son tour l'aristocratie foncière pour faire place à l'aristocratie d'argent. C'est une grave erreur de croire que la Révolution a été le triomphe de la démocratie. Ce n'est que de nos jours qu'on en voit poindre les premières pousses. Le XIXe siècle a assisté au triomphe de la puissance financière. De nos jours on peut reprendre le mot d'Euripide : « Cet homme est-il noble de naissance ? — Oui, il est riche. »

IV

L'ARISTOCRATIE FINANCIÈRE ET LE SOCIALISME

Nous venons de voir comment la civilisation moderne a traversé exactement les mêmes

phases que la civilisation romaine, et celle-ci
que la civilisation grecque. Nous avons vu comment chacune des aristocraties diverses, qui se
sont succédé au pouvoir, est tombée, et les causes
de leur chute. Nous avons vu que l'aristocratie
d'argent, en Grèce, avait régné moins longtemps
que ses aînées, et que la chute en avait été accompagnée de désordres plus sanglants et plus
violents encore. Nous n'avons chargé aucun des
traits de ce sombre tableau de la lutte entre les
riches et les pauvres à la fin du monde grec.
L'histoire, on le sait, est un recommencement.
Nous allons toucher à la même période de notre
civilisation. Assisterons-nous à un cataclysme
pareil ? La bourgeoisie moderne a-t-elle été plus
sage que les classes dirigeantes auxquelles elle
a succédé ?

Le bourgeois opulent a fini par vivre aussi à
part du peuple que le gentilhomme d'autrefois. Loin de se rapprocher de la classe inférieure, de s'appliquer à en connaître le caractère, les aspirations et les besoins, il fuit le
contact de ses misères ; loin de s'unir à elle,
pour chercher à en adoucir les souffrances, à
écarter le vice, à resteindre la pauvreté, il ne
cherche qu'à multiplier les moyens d'accroître
ses richesses, puis à raffiner de plus en plus
les plaisirs que peut lui en procurer la jouissance

oisive. Nous le voyons aussi ardent, beaucoup plus ardent même, à maintenir les privilèges de la fortune, qu'autrefois le gentilhomme à maintenir les privilèges du blason. Ce peuple, dont il est sorti, lui est devenu non seulement étranger, mais inconnu. De la sorte, la voie s'aplanit devant les ambitieux qui flattent les plus mauvais instincts populaires, devant les écrivains qui répandent les idées abstraites les plus fausses, devant les logiciens étroits par lesquels toutes les traditions sont, l'une après l'autre, combattues, renversées. Les cerveaux sont envahis par l'aveugle domination des mots, qui deviendra plus terrible encore par le déchaînement des ambitions brutales ; et la classe bourgeoise, après avoir mis entre les mains calleuses des classes ouvrières l'arme invincible du suffrage populaire, s'apercevra qu'elle a laissé grandir des passions dont elle avait perdu la direction. La tempête passera, cassant comme branches mortes ceux qui croyaient la dominer.

Et ce peuple enfin, qui, en dernière analyse, semble devoir seul tirer profit des fautes et des erreurs de tous ses maîtres, quand il sera débarrassé de leur empire, il ne pourra se soustraire au joug des idées fausses, des habitudes vicieuses, des mauvais penchants qu'ils lui auront donnés ou laissé prendre. On le verra transporter les goûts d'un esclave jusque dans l'usage même de la liberté. Alors apparaîtra la tyrannie avec son terrible cortège d'appétits violents et de passions honteuses ; ce ne sera plus seulement la ruine de la bourgeoisie, mais de la patrie même et de la société entière !

Ah ! prenons garde : les secousses se sont déjà fait sentir, montrant que les fondements de notre état social sont menacés. On a vu des brigands sauvages transformés en hommes politiques. Sous nos yeux s'organise la tyrannie.

Ouvrons les livres des fondateurs du socialisme contemporain. Ils établissent que la condition de l'ouvrier, dans notre société, est pire que celle de l'esclave antique. Ils vont plus loin. « La propriété c'est le vol », écrit Proudhon. « Le capital n'est que du travail mort, écrit Karl Marx, et qui, semblable au vampire, ne s'anime qu'en suçant du travail vivant, et sa vie est d'autant plus allègre qu'il en pompe davantage. » — « A mesure que diminue le nombre des potentats du travail, écrit-il encore, par la concurrence qu'ils se font entre eux, s'accroissent les misères, l'oppression, l'esclavage, la dégradation, l'exploitation, mais aussi la résistance de la classe ouvrière, sans cesse grossissante et de mieux en mieux disciplinée, organisée, unie par le mécanisme même de la production capitaliste. La socialisation du travail et la centralisation arrivent à un point où ils ne peuvent plus tenir dans leur enveloppe capitaliste. Cette enveloppe se brise en éclats. La dernière heure de la propriété a sonné : les expropriateurs seront expropriés à leur tour. »

Et de quelle manière s'opérera cette expropriation ? Max Stirner enseignait : « Si quelque chose s'oppose à notre marche, comme un rocher sur le chemin, nous le ferons sauter ! »

Les représentants de ces terribles doctrines se comptent, au scrutin public, à deux millions d'électeurs dans l'Allemagne seule, où l'homme ne vote qu'à l'âge de vingt-cinq ans. En 1869, ils étaient un millier à peine.

Le congrès socialiste réuni à Widden, en 1880, rayait de son programme les mots « par les voies légales ». En 1883, le congrès socialiste de Copenhague insérait dans sa fameuse déclaration les phrases suivantes : « Aucune illusion touchant la possibilité d'une solution pacifique n'est plus possible. Ni en Allemagne, ni dans les autres pays de l'Europe, il n'y a rien à attendre des classes dirigeantes ; seule une dissolution complète de la société peut amener l'ordre nouveau, but du socialisme scientifique. » Cette catastrophe, les clairvoyants l'ont annoncée depuis longtemps. Henri Heine disait : « En comparaison, la Révolution française n'aura été qu'une idylle. » Et c'est ici que se marque la différence profonde, entre les doctrines chrétiennes, qui ont transformé la société payenne sur sa décadence, et les principes de notre socialisme. Les premières, inspirées d'un élément religieux, enseignaient que le bien suprême sur la terre était de mériter une vie heureuse après la mort ; pour le socialisme, au contraire, le bien sur la terre est de posséder les biens qui en font les heureux. Le christianisme combattit les abus de la richesse en se détachant de celle-ci, en enseignant le renoncement et la vertu de la pauvreté ; le socialisme combat la richesse pour s'en emparer. D'où l'apaisement qui sortit des doctrines chrétiennes ; et les âpres divisions que propagent au contraire les sectateurs de Karl Marx. Mais au moins nous sommes prévenus. Il n'en était pas de même de nos pères avant la Révolution.

Tocqueville écrivait : « J'ai été surpris et presque effrayé en apercevant que, moins de vingt ans avant que le culte catholique fût aboli sans résistance et les églises profanées, la méthode suivie par l'administration, pour établir le chiffre de la population, était quelquefois celle-ci : les curés indiquaient le nombre de ceux qui s'étaient présentés à Pâques à la sainte table, on y ajoutait le nombre présumé des enfants en bas âge et des malades, le tout formait le total des habitants. Les mœurs du paysan, ses habitudes, ses croyances semblaient toujours les mêmes ; il était soumis, il était même joyeux. Ce n'est jamais qu'à grand'peine que les classes élevées parviennent à discerner nettement ce qui se passe dans l'âme du peuple. Quand le pauvre et le riche n'ont presque plus d'intérêt commun, de communs griefs ni d'affaires communes, cette obscurité, qui cache l'esprit de l'un à l'esprit de l'autre, devient insondable, et ces deux hommes pourraient vivre éternellement côte à côte, sans se pénétrer jamais. Il est curieux de voir dans quelle sécurité étrange vivaient tous ceux qui occupaient les étages supérieurs et moyens de l'édifice social, au moment même où la Révolution commençait, et de les entendre discourir ingénieusement entre eux sur les vertus du peuple, sur sa douceur, son dévouement, ses innocents plaisirs, quand déjà 93 est sous leurs pieds : spectacle ridicule et terrible ! »

L'on répète communément que les Français, à la veille de 89, dansaient sur un volcan. S'il est vrai que nous soyons nous-mêmes sur un volcan, du moins nous n'y dansons plus. Sachant les dangers qui nous menacent, nous étudions les moyens de les prévenir. A la voix des souverains s'assemblent des congrès pour étudier les questions sociales, des sociétés composées d'hommes de science et de cœur se sont fondées, pour s'en occuper exclusivement. Philosophes, économistes, historiens y consacrent leurs veilles, et nous voyons jusque dans le domaine pratique des chefs d'industrie y donner leurs soins.

CONCLUSION

La solution du grave problème, quelle est-elle ? Il faudrait, pour répondre, un philosophe doublé d'un économiste. Cependant l'histoire nous enseigne ceci : toutes les sociétés se sont fondées par la force des vertus familiales, par

elle toutes se sont maintenues, et c'est en don-
nant à ces vertus le plus d'extension, qu'elles
ont atteint l'apogée de leur grandeur. La famille est fondée sur l'union des efforts et des
affections. Quand cette union se dissout,
comme la famille, la société tombe en ruine.
Aimons-nous les uns les autres ! c'est au son
de cette parole divine que le monde s'est rajeuni, et ce n'est qu'en revenant au même précepte qu'il retrouvera sa prospérité.

Toutes les classes dirigeantes sont tombées
pour s'être séparées des classes qui produisent
et travaillent : rapprochons-nous donc du
peuple qui nous fait subsister. Que, dans l'usine,
les directeurs rejoignent les patrons, les patrons
les ouvriers ; que, dans les campagnes, les propriétaires restent en union de sentiments et
d'efforts avec les fermiers, les fermiers avec les
paysans. Encourageons de tous nos moyens le
petit commerce et la petite industrie : seuls ils
maintiennent la vie de famille dans les classes la-
borieuses, et la vie de famille maintient seule
la société. Considérez ces grands magasins, ces
grands établissements industriels. Qu'est-ce
qu'un employé, un ouvrier, pour les directeurs ?
c'est un numéro, un chiffre, une unité vivante,
dont le chef ignore le nom, le caractère, les besoins, satisfait s'il contribue comme un simple

rouage humain à la prospérité de la maison. Autrefois, dans les métiers, patrons et ouvriers vivaient en commun, se connaissaient directement, mangeaient à la même table (1). Allons plus loin. Quels rapports unissent les hommes riches, dont les coupons de rente gisent au fond des coffres-forts, avec les nombreux travailleurs dont le labeur fait la valeur de ces papiers ? Aucun. Ils ne savent même pas où ils sont, ces travailleurs. Et quand une fois l'un d'eux, en un jour de détresse, debout au coin de la rue, les dents claquant de faim, voit passer le millionnaire couché dans sa voiture ; quand il se dit, écoutant la voix de ses amis les socialistes, que c'est de son travail, de ses peines à lui, qu'est faite la richesse fastueuse de cet homme qu'il ne connaît pas, — comment voulez-vous que, dans ses yeux, ne brille pas l'éclair de la haine et de l'envie ?

Reprenons donc notre rôle de classe dirigeante. Notre situation privilégiée ne sera justifiée que si nous la maintenons par des efforts de chaque jour. Voilà la pensée qui se dégage

-----

(1) Cf., dans la collection *Science et religion*, la brochure intitulée *Grandeur et décadence des classes moyennes*.

d'une page de l'un des plus grands esprits de notre temps, l'auteur de la *Civilisation et ses lois* : « Sachons-le bien, les critiques violentes des révolutionnaires ne portent, en dernière analyse, que sur la moralité et l'intelligence des classes riches. Du moment que ces classes étudieraient sérieusement les affaires, négligeraient les mauvaises malgré les promesses de gain, rechercheraient les bonnes malgré les bénéfices médiocres ; du moment qu'elles s'intéresseraient aux ouvriers comme à leurs semblables et non comme à des machines ; qu'elles favoriseraient les bons, rendraient leur travail plus varié et leur salaire plus stable : du moment enfin qu'elles ne donneraient plus l'exemple du luxe et de la paresse, des plaisirs et de la dépravation, la question sociale serait résolue, et la facilité que rencontrent les ambitieux et les déclassés, pour soulever les classes pauvres, s'évanouirait comme une épidémie après la disparition des miasmes. Ce qui constitue les causes de l'instabilité de nos institutions politiques : l'abaissement des caractères, l'affaiblissement des grandes aspirations, la corruption des mœurs, tout cela se réunit et se concentre dans les moindres actes de la vie commune : dans chaque rapport d'ouvrier et de patron, dans chaque échange, dans chaque effort. Ainsi est née la question ouvrière, et si, de crise en crise, d'utopie en utopie, de révolte en révolte, elle ne doit pas nous conduire à une entière dissolution sociale et politique, ce n'est qu'à une condition : il faut que les classes qui se prétendent morales se moralisent, que les classes qui se prétendent instruites s'instruisent, c'est la dernière et unique solution de la question sociale. »

Pensées qui se rencontrent d'une manière frappante avec les fortes observations que Ravaisson présentait à l'Académie des Sciences morales et politiques, au cours d'une discussion sur la question ouvrière : « Que les classes supérieures renouvellent, et s'il se peut avec plus de force, la tradition de l'antique générosité d'où est sorti partout, mais peut-être plus encore en France qu'ailleurs, tout ce qui s'est fait de grand : on verra se réformer une société unie et par suite durable. Pour résumer ma pensée, je dirai qu'à mon avis la seule solution que puisse recevoir ce qu'on appelle la question ouvrière, et plus généralement la question sociale, c'est une réforme morale qui rétablirait la réciprocité des dévouements et des services, que cette réforme doit résulter d'une éducation nouvelle donnée à la nation ; que cette éducation, c'est aux classes supérieures qu'il

appartient de l'entreprendre, mais en commen-
çant par elles-mêmes (1). »

----

(1) « **La Réforme morale** et la législation ouvrière »
dans la *Réforme sociale* du 1ᵉʳ juin 1886, et les
*Comptes rendus de l'Académie des Sciences morales et
politiques* (année 1886).

BIBLIOGRAPHIE

—

Lujo Brentano : *Ethik und Volkswirtschaft in der Geschichte.*

Th. Funck-Brentano : *La Civilisation et ses lois.*

— *Les Sophistes.*

— *Histoire du pays de France.*

Fustel de Coulanges : *La cité antique.*

— *Polybe.*

F. le Play : *L'organisation de la famille.*

Maurice Prou : *La Gaule Mérovingienne.*

H. Taine : *L'ancien régime.*

A. de Tocqueville : *L'ancien régime et la Révolution.*

TABLE DES MATIÈRES

—

PREMIÈRE PARTIE

L'Antiquité

DEUXIÈME PARTIE

Les temps modernes

Saint-Amand (Cher). — Imprimerie BUSSIÈRE

9 782329 692005